Pelé King of Soccer
El rey del fútbol

By Monica Brown

Illustrated by Rudy Gutiérrez

Translated by Fernando Gayesky

HARPER
An Imprint of HarperCollinsPublishers

200 HarperCollins
PUBLISHERS

Pelé, King of Soccer / Pelé, El rey del fútbol. Text copyright © 2009 by Monica Brown. Illustrations copyright © 2009 by Rudy Gutiérrez. Translation copyright © 2009 by HarperCollins Publishers. Manufactured in Italy. All rights reserved. No part of this book may be used or reproduced in any manner whatsoever without written permission except in the case of brief quotations embodied in critical articles and reviews. For information address HarperCollins Children's Books, a division of HarperCollins Publishers, 195 Broadway, New York, NY 10007.
www.harpercollinschildrens.com
Library of Congress Cataloging-in-Publication Data is available.
ISBN 978-0-06-122779-0 (trade bdg.) ISBN 978-0-06-122780-6 (pbk.)
Designed by Stephanie Bart-Horvath
23 RTLO 16   ❖   First Edition

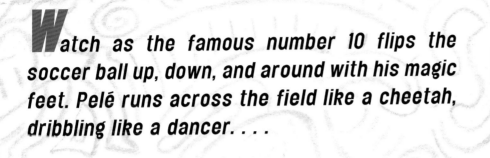

Watch as the famous number 10 flips the soccer ball up, down, and around with his magic feet. Pelé runs across the field like a cheetah, dribbling like a dancer. . . .

Mira como el famoso número 10 mueve la pelota hacia arriba, hacia abajo y en círculos con sus pies mágicos. Pelé corre por la cancha como un guepardo, regateando como un bailarín . . .

Can Pelé score three goals in one game, a hat trick? He traps the ball with his thighs and ankles, and before it even touches the ground, he shoots.

Pelé and his team have won again. The crowd chants, "Pelé! Pelé! O Rei! Pelé! The King!"

¿Podrá Pelé anotar tres goles en un mismo partido? Atrapa el balón con los muslos y los tobillos, y antes de que éste toque el suelo, patea.

Pelé y su equipo han triunfado una vez más. La tribuna canta: "¡Pelé! ¡Pelé! ¡O Rei! ¡Pelé! ¡El rey!"

But Pelé was not always so famous. Once he was a boy from the town of Três Corações, in Brazil, the largest country in South America. Pelé's family was very poor, so he sometimes worked shining shoes and selling meat pies to help them.

Pero Pelé no fue siempre tan famoso. Al principio era un niño del pueblo de Três Corações, en Brasil, el país más grande de América del Sur. Su familia era muy pobre y por eso Pelé a veces trabajaba lustrando zapatos y vendiendo empanadas para ayudarlos.

Every evening, no matter how tired they were, Pelé and his father, Dondinho, would play soccer in the streets. Whoops! Sometimes Pelé accidentally broke a window or kicked the ball over a fenc

Todas las tardes, sin importar lo cansados que estaban, Pelé y su padre Dondinho jugaban al fútbol en la calle. ¡Huy! A veces Pelé rompía una ventana o pateaba la pelota por encima de una cerca sin querer.

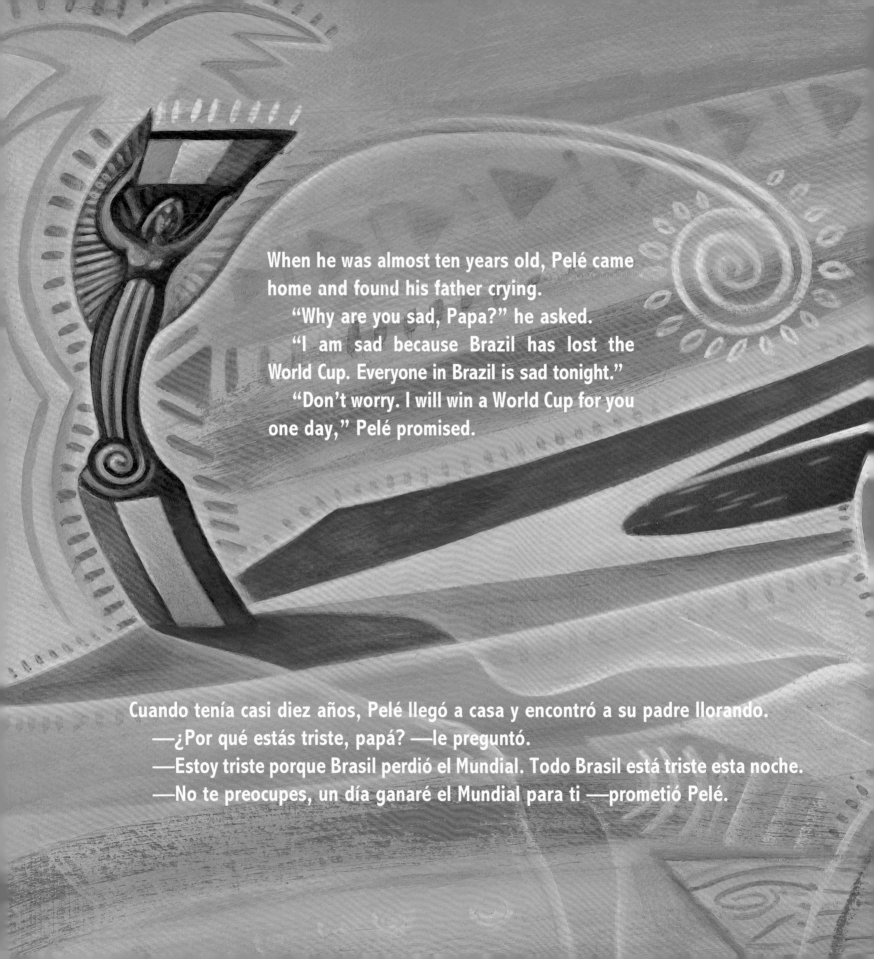

When he was almost ten years old, Pelé came home and found his father crying.

"Why are you sad, Papa?" he asked.

"I am sad because Brazil has lost the World Cup. Everyone in Brazil is sad tonight."

"Don't worry. I will win a World Cup for you one day," Pelé promised.

Cuando tenía casi diez años, Pelé llegó a casa y encontró a su padre llorando.

—¿Por qué estás triste, papá? —le preguntó.

—Estoy triste porque Brasil perdió el Mundial. Todo Brasil está triste esta noche.

—No te preocupes, un día ganaré el Mundial para ti —prometió Pelé.

Pelé loved to play soccer with his friends. They didn't have enough money for a ball, so they used a grapefruit instead. If they couldn't find a grapefruit, they would stuff an old sock with newspapers!

A Pelé le encantaba jugar al fútbol con sus amigos. Como no tenían suficiente dinero para comprar una pelota, jugaban al fútbol con una toronja. Y si no encontraban una toronja, ¡rellenaban un calcetín viejo con papel de periódico!

Pelé and his friends started their own soccer team. When the other teams saw that Pelé and his teammates couldn't afford shoes, they nicknamed them the "Barefoot Team." But the Barefoot Team kept winning!

Pelé y sus amigos armaron su propio equipo de fútbol. Cuando los otros equipos vieron que Pelé y sus compañeros no tenían dinero para comprar zapatos, los apodaron el "Equipo Descalzo". ¡Pero el Equipo Descalzo no paraba de ganar!

One day a famous Brazilian soccer player invited Pelé to try out for a professional team. At fifteen, Pelé became the youngest player on the Santos Soccer Club team. The coach thought that Pelé was too skinny and ordered him to eat and eat and eat. For the first time in his life, Pelé had all the food his stomach could hold.

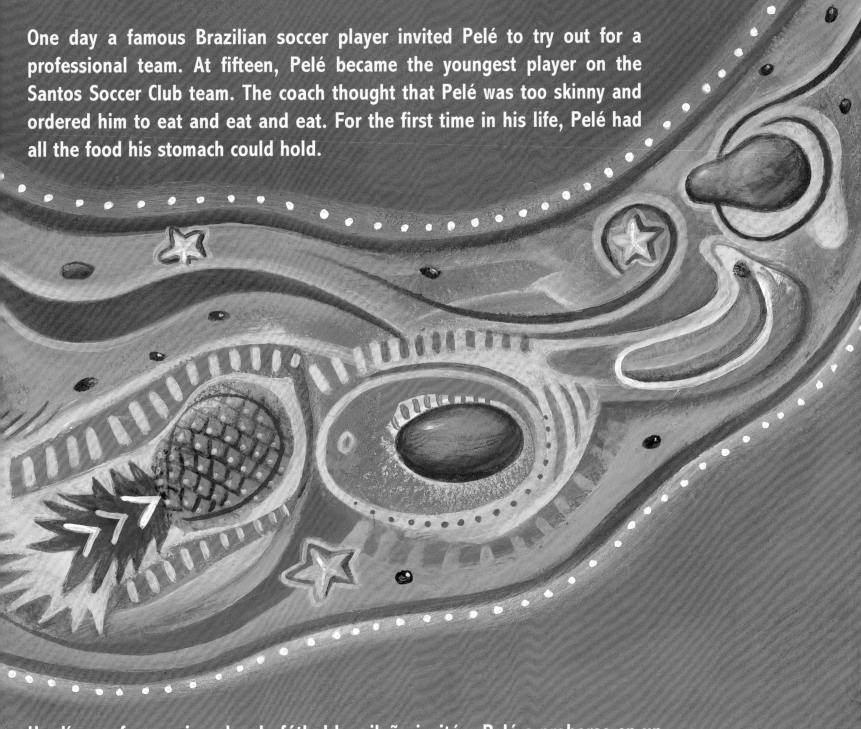

Un día, un famoso jugador de fútbol brasileño invitó a Pelé a probarse en un equipo profesional. A los quince años, Pelé se convirtió en el jugador más joven del equipo de fútbol del Club Santos. Al entrenador le pareció que Pelé estaba demasiado delgado y le ordenó que comiera y comiera. Por primera vez en su vida, Pelé tenía toda la comida que le cabía en el estómago.

Finally, it was time for Pelé to play soccer in his first professional match.

Por fin llegó la hora de que Pelé jugara su primer partido profesional.

Pelé uses his famous bicycle kick to trick the other team. His knees bend and his legs whirl backward until his foot connects to the ball. . . .

Pelé usa su famosa chilena para engañar al equipo rival. Dobla las rodillas y gira las piernas hacia atrás hasta que su pie se conecta con el balón . . .

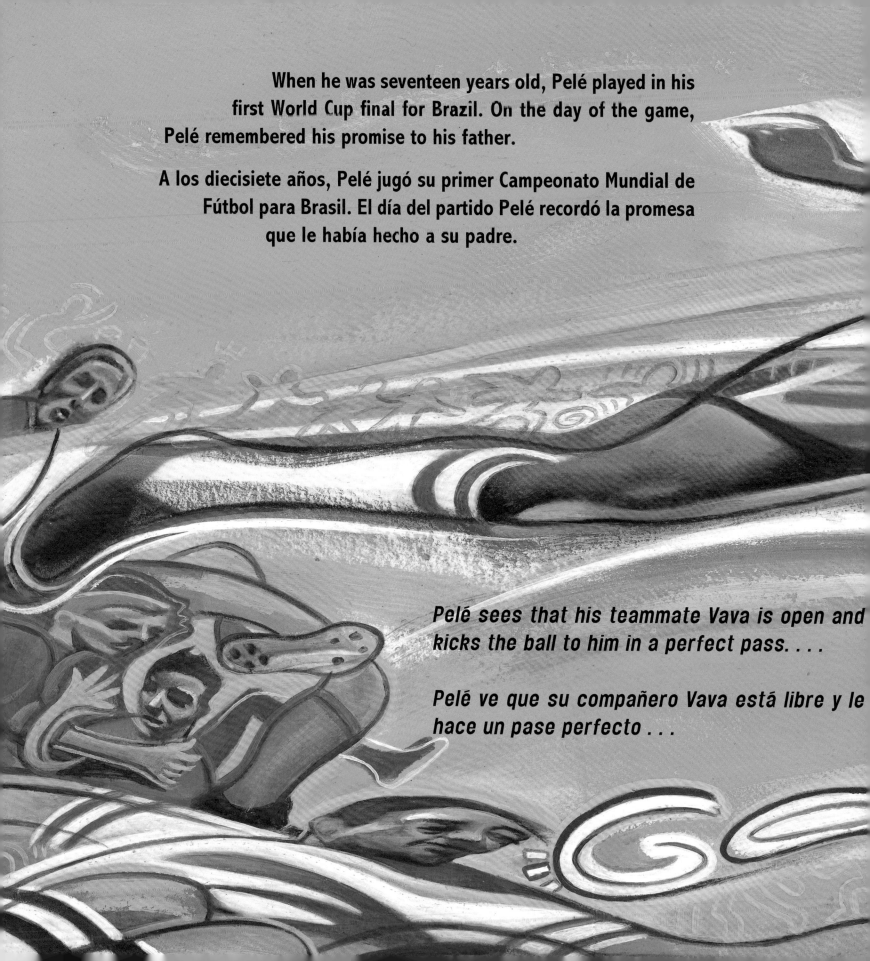

When he was seventeen years old, Pelé played in his first World Cup final for Brazil. On the day of the game, Pelé remembered his promise to his father.

A los diecisiete años, Pelé jugó su primer Campeonato Mundial de Fútbol para Brasil. El día del partido Pelé recordó la promesa que le había hecho a su padre.

Pelé sees that his teammate Vava is open and kicks the ball to him in a perfect pass....

Pelé ve que su compañero Vava está libre y le hace un pase perfecto ...

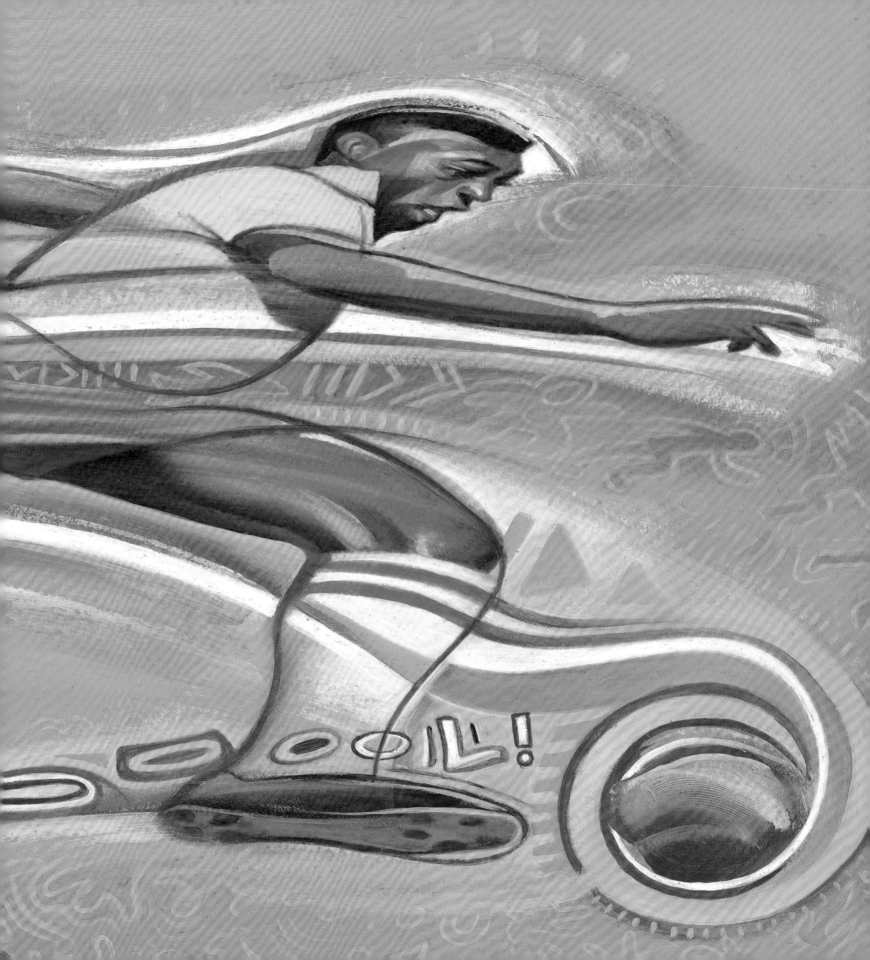

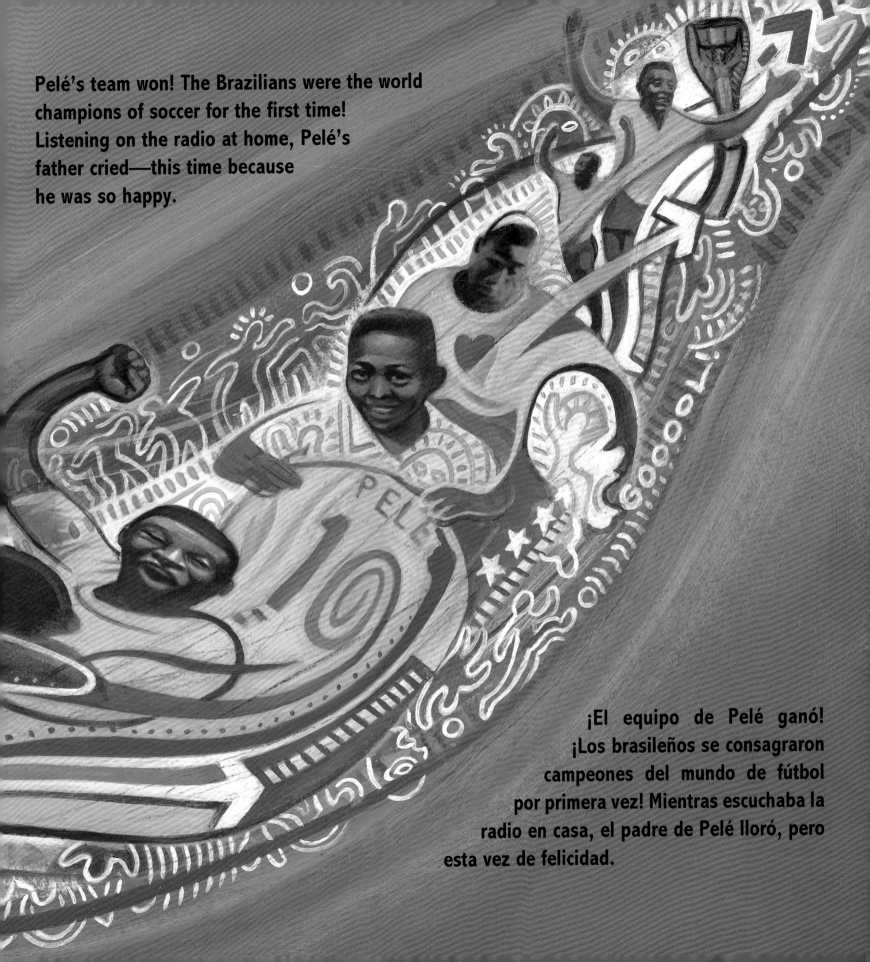

Pelé's team won! The Brazilians were the world champions of soccer for the first time! Listening on the radio at home, Pelé's father cried—this time because he was so happy.

¡El equipo de Pelé ganó! ¡Los brasileños se consagraron campeones del mundo de fútbol por primera vez! Mientras escuchaba la radio en casa, el padre de Pelé lloró, pero esta vez de felicidad.

With Pelé playing for the national team, Brazil won two more World Cups. Pelé traveled all over the world playing soccer, and wherever he went people admired him. He met kings, queens, and presidents, spreading the love of soccer to children and adults everywhere.

Con Pelé en su selección nacional, Brasil ganó dos Mundiales más. Pelé viajó por todo el mundo jugando al fútbol y donde quiera que iba, la gente lo admiraba. Conoció a reyes, reinas y presidentes, y contagió su amor por el fútbol a niños y adultos de todas partes.

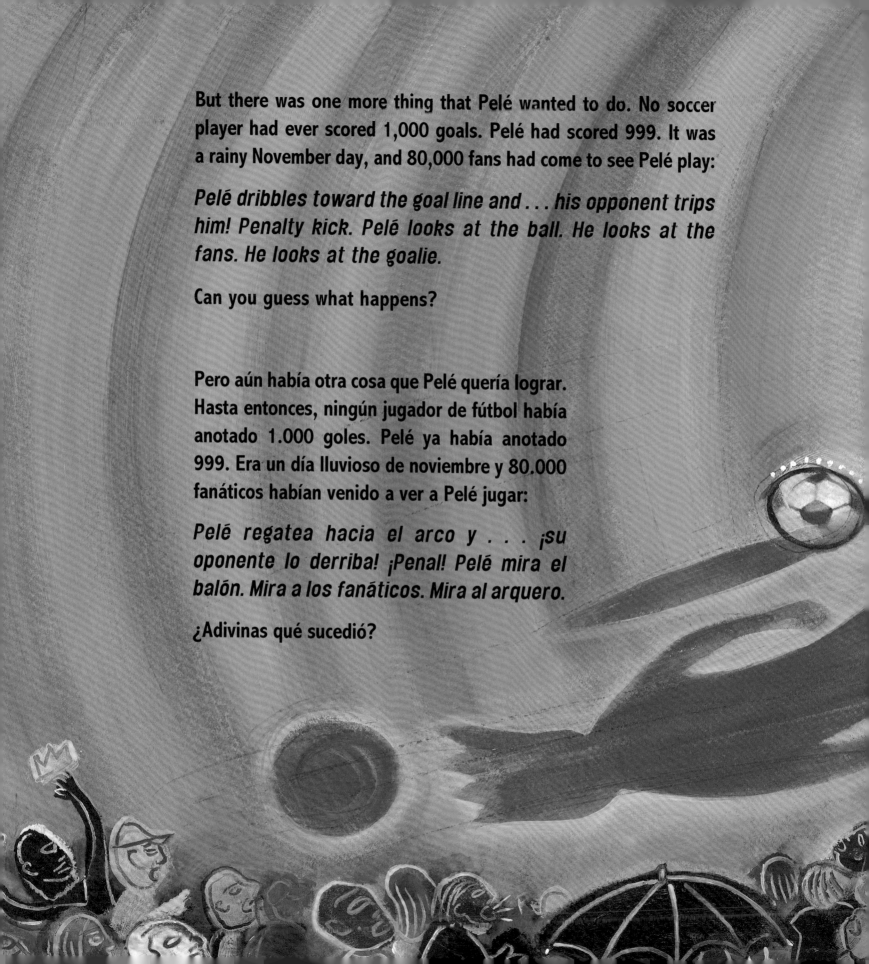

But there was one more thing that Pelé wanted to do. No soccer player had ever scored 1,000 goals. Pelé had scored 999. It was a rainy November day, and 80,000 fans had come to see Pelé play:

Pelé dribbles toward the goal line and . . . his opponent trips him! Penalty kick. Pelé looks at the ball. He looks at the fans. He looks at the goalie.

Can you guess what happens?

Pero aún había otra cosa que Pelé quería lograr. Hasta entonces, ningún jugador de fútbol había anotado 1.000 goles. Pelé ya había anotado 999. Era un día lluvioso de noviembre y 80.000 fanáticos habían venido a ver a Pelé jugar:

Pelé regatea hacia el arco y . . . ¡su oponente lo derriba! ¡Penal! Pelé mira el balón. Mira a los fanáticos. Mira al arquero.

¿Adivinas qué sucedió?

Pelé, O Rei, kicks and scores his thousandth . . .

Pelé, O Rei, patea y anota su milésimo . . .

AUTHOR'S NOTE

Pelé, *"O Rei,"* is the King of Soccer and the best player of what he calls "the beautiful game." Pelé, whose full name is Edson Arantes do Nascimento, was born on October 23, 1940, in Três Corações, Brazil. During his career, he scored 1,281 goals and won three World Cups for Brazil in 1958, 1962, and 1970. Today Brazil still holds the record for most World Cups. Pelé also played in the United States for the New York Cosmos from 1975 to 1977. He has spread his love for soccer—also known as football, or *fútbol*—throughout the world.

Despite his success, Pelé never forgot that he was once a little boy who played with an empty stomach and a newspaper ball in the streets of Três Corações. When Pelé retired in 1977, he became an ambassador for the sport of soccer, which he believes helps children see that anyone, no matter how poor or small, can make their dreams a reality. He has taught many children to play soccer, and all over the world children believe that they are the great Pelé as they run, kick, and dance on the soccer field, following their dreams, just as he did.

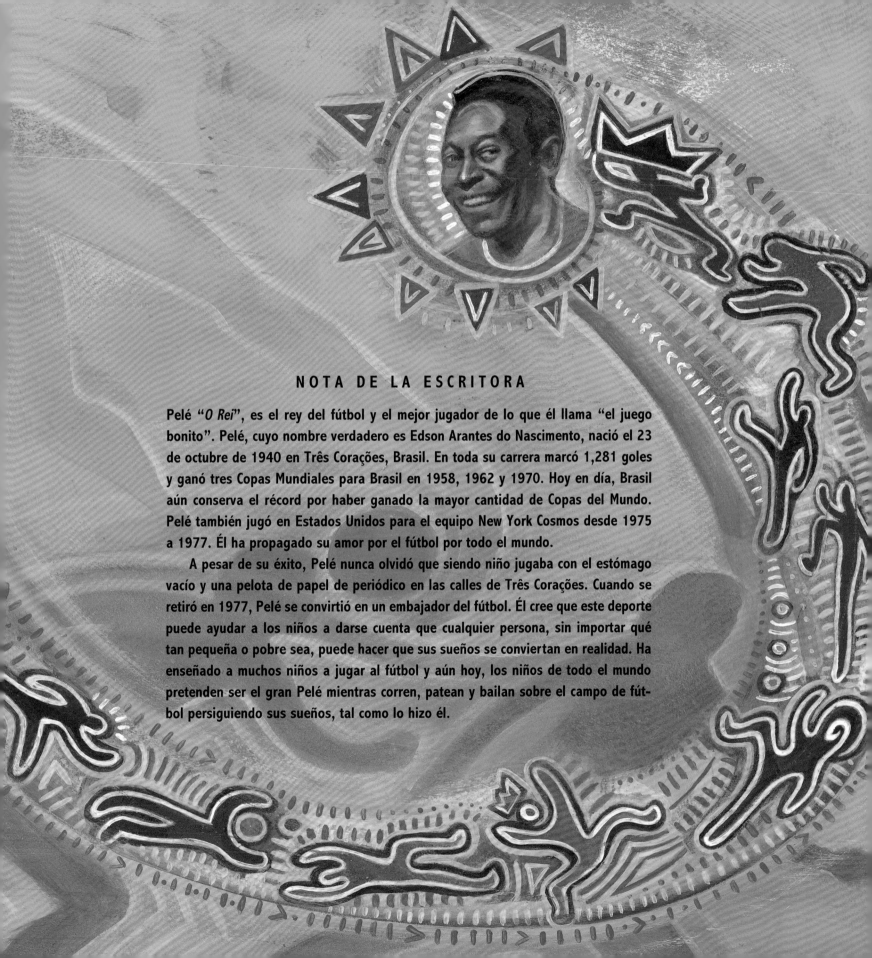

NOTA DE LA ESCRITORA

Pelé "*O Rei*", es el rey del fútbol y el mejor jugador de lo que él llama "el juego bonito". Pelé, cuyo nombre verdadero es Edson Arantes do Nascimento, nació el 23 de octubre de 1940 en Três Corações, Brasil. En toda su carrera marcó 1,281 goles y ganó tres Copas Mundiales para Brasil en 1958, 1962 y 1970. Hoy en día, Brasil aún conserva el récord por haber ganado la mayor cantidad de Copas del Mundo. Pelé también jugó en Estados Unidos para el equipo New York Cosmos desde 1975 a 1977. Él ha propagado su amor por el fútbol por todo el mundo.

A pesar de su éxito, Pelé nunca olvidó que siendo niño jugaba con el estómago vacío y una pelota de papel de periódico en las calles de Três Corações. Cuando se retiró en 1977, Pelé se convirtió en un embajador del fútbol. Él cree que este deporte puede ayudar a los niños a darse cuenta que cualquier persona, sin importar qué tan pequeña o pobre sea, puede hacer que sus sueños se conviertan en realidad. Ha enseñado a muchos niños a jugar al fútbol y aún hoy, los niños de todo el mundo pretenden ser el gran Pelé mientras corren, patean y bailan sobre el campo de fútbol persiguiendo sus sueños, tal como lo hizo él.